BEI GRIN MACHT SICH IHR WISSEN BEZAHLT

AF167932

- Wir veröffentlichen Ihre Hausarbeit, Bachelor- und Masterarbeit

- Ihr eigenes eBook und Buch - weltweit in allen wichtigen Shops

- Verdienen Sie an jedem Verkauf

Jetzt bei www.GRIN.com hochladen und kostenlos publizieren

Bibliografische Information der Deutschen Nationalbibliothek:

Die Deutsche Bibliothek verzeichnet diese Publikation in der Deutschen National-bibliografie; detaillierte bibliografische Daten sind im Internet über http://dnb.d-nb.de/ abrufbar.

Impressum:

Copyright © 2019 GRIN Verlag
Druck und Bindung: Books on Demand GmbH, Norderstedt Germany
ISBN: 9783346059260

Dieses Buch bei GRIN:

https://www.grin.com/document/506498

Anna Eberle

Trainingsplan zur Verbesserung von Körperhaltung sowie Bewegungs- und Gleichgewichtsfähigkeit für eine 22jährige Frau

GRIN Verlag

GRIN - Your knowledge has value

Der GRIN Verlag publiziert seit 1998 wissenschaftliche Arbeiten von Studenten, Hochschullehrern und anderen Akademikern als eBook und gedrucktes Buch. Die Verlagswebsite www.grin.com ist die ideale Plattform zur Veröffentlichung von Hausarbeiten, Abschlussarbeiten, wissenschaftlichen Aufsätzen, Dissertationen und Fachbüchern.

Besuchen Sie uns im Internet:

http://www.grin.com/

http://www.facebook.com/grincom

http://www.twitter.com/grin_com

Einsendeaufgabe

Fachmodul:	Trainingslehre III
Studiengang:	Gesundheitsmanagement
Datum Präsenzphase:	02.09. – 04.09.2019
Name, Vorname:	Eberle, Anna
Studienort:	**Stuttgart**
Semester:	**WS17**

Inhaltsverzeichnis

Personendaten

Tab. 1: Datensammlung zur Person (eigene Darstellung)

Allgemeine Daten	
Alter	22
Geschlecht	weiblich
Körpergröße	168 cm
Körpergewicht	52,7 kg
Körperfettanteil	18,9 % (10kg)
Muskelmasseanteil	75,0 % (40,3kg)
Trainingsmotive	Verbesserung der Gleichgewichtsfähigkeit, Verbesserung der Bewegungsfähigkeit (möchte in naher Zukunft wieder ein Spagat können), Verbesserung der Körperhaltung (aufrechtere Körperhaltung erzielen)
berufliche Tätigkeit	Duale Studentin (33 Stunden Vollzeit im Betrieb viel stehend und ab und zu sitzend, 10-12h pro Woche sitzend in der Uni oder zuhause am Schreibtisch)
aktuelle sportliche Aktivität	Seit 6 Monaten (2-3x pro Woche) Krafttraining mit systematischer Trainingsplanung a 45-60min, 1x die Woche schwimmen a 60min
frühere sportliche Aktivität	Sportakrobatik mit 6 Jahren (2 Jahre lang, 2x die Woche a 90min)
zeitlicher Verfügungsrahmen	2-3x die Woche a 30-60min
Allgemeiner Gesundheitszustand	
orthopädische Probleme	Keine
internistische Probleme	Keine
ärztliche Behandlung	Keine
Einnahme von Medikamenten	Keine
gesundheitliche Einschränkungen	Keine
Bewertung im Hinblick auf die Belastbarkeit bzw. Trainierbarkeit:	Da bei der Person keine orthopädischen und internistischen Probleme bestehen, keine ärztliche Behandlung im Gange ist, keine gesundheitlichen Einschränkungen vorliegen und auch keine Einnahme von Medikamenten stattfindet ist sie im Hinblick auf die Belastbarkeit bzw. Trainierbarkeit voll belastbar und trainierfähig.

1   Beweglichkeitstestung

Für die Beweglichkeitstestung wurde das Testverfahren nach Janda (2009) ausgewählt. In diesem Test wird die Beweglichkeit über die Gelenkbewegung gemessen. Hierbei werden fünf verschiedene Muskelgruppen manuell mit Hilfe eines Testers geprüft, welche im folgenden Abschnitt genauer erläutert werden. Die Testauswertung wird individuell bei jeder Muskelgruppe in drei Stufen von 0-2 unterteilt. Es wird auf das individuelle Schmerzempfinden des Probanden Wert gelegt.

1.1 Brustmuskulatur (M. pectoralis major)

Die Testperson liegt mit der zu testenden Seite am Rand einer Liege oder alternativ auf einem Tisch in Rückenlage. Dabei sind die Beine angewinkelt, die Füße und Schultern liegen stabil auf der Fläche auf (Das Becken wird dadurch fixiert). Der Oberkörper wird zusätzlich durch die Hand des Testers ohne Druck fixiert. Der Test Arm hat im Ellenbogen eine 90°- Flexion und liegt außenrotiert vom Körper weg. Die Handinnenfläche schaut nach oben. Wichtig zu wissen ist, dass die Testung durch das Anheben des Beckens oder einer Hyperlordose im Lendenwirbelsäulen-Bereich (LWS) manipuliert wird. Durch Anspannung in der Bauchmuskulatur kann die LWS stabilisiert werden. Nacheinander werden beide Seiten getestet. Die Position des Oberarms zur Horizontalen gilt hier als Messbereich.

Tab. 2: Beweglichkeitstestung Brustmuskulatur (modifiziert nach Janda, 2009)

Richt- und Normwerte	**Stufe 0:** Der Oberarm erreicht die Horizontale und kann durch den Tester mit leichtem Druck unter die Horizontale gebracht werden. Keine Beweglichkeitsdefizite. **Stufe 1:** Der Oberarm erreicht die Horizontale nicht, kann jedoch durch leichten Druck des Testers hinbewegt werden. Leichte Beweglichkeitsdefizite. **Stufe 2:** Der Oberarm erreicht trotz Druck des Testers nicht die Horizontale. Eindeutige Beweglichkeitsdefizite.
Testergebnis	**rechts:** Stufe 0 – keine Beweglichkeitsdefizite **links:** Stufe 0 – keine Beweglichkeitsdefizite

1.2 Hüftbeugemuskulatur (speziell M. iliopsoas)

Die Testperson liegt auf einer liege oder einem Tisch in Rückenlage. Diesmal liegt das Gesäß am Rand der Liege, sodass die Beine über die Fläche hinaus hinunterhängen. Das nicht zu testende Bein wird mit beiden Händen angewinkelt bis zum maximalen Punkt angezogen (Das Becken wird dadurch fixiert). Bei Bedarf kann der Tester hierbei unterstützen. Das Test Bein ist im Überhang. Bewertet wird hier die Hüftflexion. Auch hier kann die Testung durch das Anheben des Beckens oder einer Hyperlordose im LWS-Bereich manipuliert werden. Durch eine freie Hand des Testers kann eine zusätzliche

Fixierung der LWS erreicht werden. Der Proband arbeitet hier mit Druck der LWS gegen die Hand, welche sich zwischen LWS und Liege/Tisch befindet. Nacheinander werden beide Seiten getestet. Die Position des Oberschenkels gilt hier im Verhältnis zum Hüftbeugewinkel als Messbereich.

Tab. 3: Beweglichkeitstestung Hüftbeugemuskulatur (modifiziert nach Janda, 2009)

Richt- und Normwerte	**Stufe 0:** Der Oberschenkel erreicht die Horizontale und kann durch den Tester mit leichtem Druck unter die Horizontale gebracht werden. Keine Beweglichkeitsdefizite. **Stufe 1:** Der Oberschenkel erreicht die Horizontale nicht, kann jedoch durch leichten Druck des Testers hinbewegt werden. Leichte Bewegungsdefizite. **Stufe 2:** Der Oberschenkel erreicht trotz Druck des Testers nicht die Horizontale. Eindeutige Bewegungsdefizite.
Testergebnis	**rechts:** Stufe 0 – keine Beweglichkeitsdefizite **links:** Stufe 0 – keine Beweglichkeitsdefizite

1.3 Kniestreckmuskulatur (speziell M. rectus femoris)

Erneut liegt die Testperson in Rückenlage auf einer Liege/einem Tisch, sodass das Gesäß mit der Liege abschließt. Das nicht zu testende Bein wird mit beiden Händen angewinkelt bis zum maximalen Punkt herangezogen (Das Becken und LWS werden stabilisiert). Das Test Bein ist im Überhang und wird vom Tester im maximalen Hüftextensionswinkel fixiert. Durch den Tester wird dieses Bein in einem maximalen Kniebeugewinkel gebracht. Eine Manipulation der Testung ist wieder durch eine Hyperlordose in der LWS gegeben. Zusätzlich muss darauf Acht gegeben werden, dass die Beugung im Kniegelenk nicht durch die Liege eingeschränkt wird. Nacheinander werden beide Seiten getestet. Der Kniebeugewinkel gilt hier als Messbereich.

Tab. 4: Beweglichkeitstestung Kniestreckmuskulatur (modifiziert nach Janda, 2009)

Richt- und Normwerte	**Stufe 0:** Der Unterschenkel hängt senkrecht hinunter und kann durch den Tester mit leichtem Druck die Knieflexion vergrößern. Keine Bewegungsdefizite. **Stufe 1:** Der Unterschenkel erreicht durch das hinunter hängen keine Senkrechte, kann jedoch durch leichten Druck des Testers eine Knieflexion von 90° erzielen. Leichte Bewegungsdefizite. **Stufe 2:** Der Unterschenkel ist deutlich vorgestreckt und erreicht trotz Druck des Testers keine Knieflexion von 90°. Eindeutige Bewegungsdefizite.
Testergebnis	**rechts:** Stufe 1 – leichte Beweglichkeitsdefizite **links:** Stufe 1 – leichte Beweglichkeitsdefizite

1.4 Kniebeugemuskulatur (Mm. ischiocrurales)

Der Proband nimmt mittig auf einer Liege eine Position in Rückenlage ein. Das nicht getestete Bein ist angewinkelt und steht stabil auf dem Fuß. Das Test Bein ist komplett gestreckt und wird vom Tester in die maximal mögliche Hüftflexion gebracht (Wichtig: Die Kniescheibe bleibt hier frei!). Manipuliert werden kann die Testung durch Anhaben des Beckens oder einer Hyperlordose im LWS-Bereich. Ebenso muss darauf geachtet werden, dass das Bein gestreckt bleibt. Nacheinander werden beide Seiten getestet. Der Hüftbeugewinkel gilt hier als Messbereich.

Tab. 5: Beweglichkeitstestung Kniebeugemuskulatur (modifiziert nach Janda, 2009)

Richt- und Normwerte	**Stufe 0:** Die Streckung von 90° im Hüftgelenk wird erzielt. Keine Bewegungsdefizite. **Stufe 1:** Die Streckung zwischen 80-90° im Hüftgelenk wird erzielt. Leichte Bewegungsdefizite. **Stufe 2:** Die Streckung im Hüftgelenk wird nur unter 80° erzielt. Eindeutige Bewegungsdefizite.
Testergebnis	**rechts:** Stufe 1 – leichte Beweglichkeitsdefizite **links:** Stufe 1 – leichte Beweglichkeitsdefizite

4

1.5 Wadenmuskulatur (Mm. triceps surae)

Die Testperson liegt in Rückenlage auf einer Liege, gleichzeitig wird das nicht zu testende Bein gebeugt und stabil aufgestellt. Das Test Bein ist gesteckt, sodass der Unterschenkel über die Liege hinausragt. Der Tester greift das Fersenbein distal mit einer Hand. Die andere Hand greift an der Fußaußenkante, übt einen Zug an der Ferse und zieht distalwärts. Mit dem Daumen der anderen Hand schiebt er den Vorfuß mit leichtem achsengerechtem Druck bis zur maximal möglichen Dorsalextension zum Schienbein. Der M. soleus kann isoliert getestet werden, wenn die maximal mögliche Dorsalextension erreicht wird. Das Kniegelenk wird gebeugt und durch den Tester die Bewegung vergrößert. Bei dieser Testung ist darauf zu achten, dass der Druck des Daumens am äußeren Fußrand erfolgt. Durch Druck in der Mitte kann es aus Reaktion zur Anspannung der getesteten Muskelgruppe kommen, welche das Testergebnis verfälschen würde. Der Zug auf der Ferse ist am Wichtigsten. Die Bewegung zum Schienbein würde allein nicht ausreichen. Nacheinander werden beide Seiten getestet. Je nach Bedarf kann hier die isolierte Testung durchgeführt werden. Der Dorsalextensionswinkel gilt hier als Messbereich.

Tab. 6: Beweglichkeitstestung Wadenmuskulatur (modifiziert nach Janda, 2009)

Richt- und Normwerte	**Stufe 0:** Bei einer Dorsalextension des zu testenden Fußes ist mindestens eine 0°-Stellung zu erzielen. Keine Bewegungsdefizite. **Stufe 1:** Die 0°-Stellung wird nicht erzielt, eine Dorsalextension ist jedoch möglich. Leichte Bewegungsdefizite. **Stufe 2:** Bei einer Dorsalextension kann nur eine Fußstellung bis 10° unterhalb der 0°-Stellung erzielt werden. Eindeutige Bewegungsdefizite.
Testergebnis	**rechts:** Stufe 1 – leichte Beweglichkeitsdefizite **links:** Stufe 1 – leichte Beweglichkeitsdefizite

1.6 Bewertung und Interpretation

Die Testperson weißt in drei von fünf Muskelgruppen leichte Bewegungsdefizite auf. Die Brust- und Hüftbeugemuskulatur schneidet ohne Bewegungsdefizite ab. Einschränkungen in Kniestreck- sowie Kniebeuge- und Wadenmuskulatur können auf die vermehrten sitzenden Phasen in Universität- und Lernzeiten hinweisen. Wichtig ist nun, die geringen Bewegungseinschränkungen durch ein Dehnprogramm mit verschiedenen

5

Übungen zu begleichen. Durch einen Schwerpunkt in der Beinmuskulatur kommt man dem Trainingsmotiv einer verbesserten Bewegungsfähigkeit näher. Empfohlen wird, das Dehnprogramm auch nach Verbesserung zu absolvieren um präventiv zu handeln. Noch weißt die Brustmuskulatur keine Bewegungsdefizite auf, mit zunehmendem Alter könnte sich dies aber ändern. Auch für das Ziel einer verbesserten Haltung ist es zu empfehlen die Brust zu dehnen. Gegebenenfalls sollte der Krafttrainingsplan im Brust- und Trapezbereich angepasst werden.

2 Trainingsplanung Beweglichkeitstraining

2.1 Dehnübung 1

- aufrechter, stabiler Stand mit entspannten Schultern
- Kopf zur Seite neigen, während der Blick immer nach vorne gerichtet ist
- die Gegenüberliegende Schulter wird aktiv nach unten gezogen
- für eine statische Dehnmethode wird die Position gehalten
- nacheinander werden beide Seiten gedehnt
→ Zielmuskulatur: M. trapezius pars descendens
→ Dehnmethode: passiv-statisch

2.2 Dehnübung 2

- aufrechter, stabiler Stand
- mit maximal möglichem gebeugtem Ellenbogengelenk wird ein Arm seitlich neben dem Kopf platziert
- die Hand liegt auf oder zwischen den Schulterblättern
- der angewinkelte Arm wird mit der freien Hand am Ellenbogen zur Körpermitte gezogen
- für eine statische Dehnmethode wird die Position gehalten
→ Zielmuskulatur: M. triceps brachii
→ Dehnmethode: passiv-statisch

2.3 Dehnübung 3

- Aufrechter, stabiler Stand
- Arme werden leicht im Ellenbogengelenk gebeugt und soweit hochgezogen, dass die Hände auf Kopfhöhe sind
- Die Handinnenflächen sind zum Körper nach innen rotiert
- Für eine aktive Dehnmethode zieht die antagonistisch wirkende Muskulatur den Oberarm in Schulterhöhe durch die Kraft der Kontraktion nach hinten und im Wechsel wieder aus der Bewegung raus
→ Zielmuskulatur: M. pectoralis major
→ Dehnmethode: aktiv-dynamisch

2.4 Dehnübung 4

- Aufrechter, stabiler Stand
- Ein Arm wird mit gebeugtem Ellenbogengelenk vom Körper abgespreizt und in Schulterhöhe vor die Brust geführt, sodass die Hand über der anderen Schulter liegt
- Mit der freien Hand wird ein Druck auf den Ellenbogen ausgeübt und der Arm weiter zum Körper geschoben
- Für eine statische Dehnmethode wird die Position gehalten
→ Zielmuskulatur: M. deltoideus pars spinata
                         M. trapezius pars transversa
                         Mm. rhomboidei
→ Dehnmethode: passiv-statisch

2.5 Dehnübung 5

- Aufrechter, stabiler Stand
- Die Arme werden maximal vom Körper abgespreizt und mit verschränkten Handgelenken über den Kopf geführt
- Der Oberkörper wird bei gerader fixierten Beckenachse von der antagonistischen Muskulatur zur Seite gezogen
- Durch einen aktiven Zug der Arme nach oben zur Beugerichtung wird die Dehnung verstärkt

- Für eine dynamische Dehnmethode wird der Oberkörper durch die antagonistische Muskulatur wieder entspannt und leicht zur Mitte bewegt, der Zug aus dem Armen verringert und gleich darauf wieder verstärkt und der Oberkörper wieder zur Seite gezogen
→ Zielmuskulatur: M. latissimus dorsi

  M. obliquus externus abdominis

  M. obliquus internus abdominis
→ Dehnmethode: aktiv-dynamisch

2.6 Dehnübung 6

- Im Vierfüßler Stand wird die Bauchmuskulatur aktiv angespannt
- Während der aktiven Anspannung wird die Wirbelsäule nach oben gewölbt, sodass ein Buckel entsteht
- Für eine dynamische Dehnmethode wird im Wechsel die Spannung im Bauch gelöst, die Wirbelsäule nach unten gezogen, wieder nach oben gewölbt und die Spannung im Bauch aktiviert
→ Zielmuskulatur: Mm. erector spinae
→ Dehnmethode: aktiv-dynamisch

2.7 Dehnübung 7

- Aus dem Kniestand wird ein Bein vor den Körper gestellt
- Das vordere Bein ist im Kniegelenk gebeugt und befindet sich hinter dem Fuß
- Das hintere Bein liegt mit komplettem Unterschenkel und Knie auf dem Boden auf
- Der Oberkörper wird mit beiden Händen auf dem vorderen Bein abgestützt
- Langsam wird der Körper nach vorne unten verlagert und das Becken abgesetzt
- Der Oberkörper bleibt aufrecht
- Für eine dynamische Dehnmethode wird der Körperschwerpunkt abwechselnd leicht nach hinten oben und wieder nach vorne unten abgesenkt
→ Zielmuskulatur: M. iliopsoas

  M. rectus femoris
→ Dehnmethode: passiv-dynamisch

2.8 Dehnübung 8

- In Rückenlage wird ein Bein mit gebeugtem Kniegelenk aufgestellt
- Das andere Bein wird mit dem Unterschenkel an der Oberschenkelvorderseite des Stützbeins platziert, indem die Hüfte nach außen rotiert
- Mit beiden Händen wird das Stützbein an der Oberschenkelrückseite gegriffen und hin zum Oberkörper gezogen
- Der Unterschenkel des Stützbeins ist entspannt
- Für eine statische Dehnmethode wird die Position gehalten
➔ Zielmuskulatur: M. glutaeus maximus
                M. gluateus medius
                M. glutaeus minimus
➔ Dehnmethode: passiv-statisch

2.9 Dehnübung 9

- In Seitlage wird der dem Boden zugewandte Arm in Verlängerung des Körpers gestreckt
- Der Kopf wird auf diesem abgelegt
- Das obere Bein wird im Kniegelenk gebeugt und mit der oberen Hand über dem Sprunggelenk gefasst und die Ferse zum Gesäß gezogen
- Das Becken ist gekippt und beide Oberschenkel parallel zueinander und zum Boden
- Für eine statische Dauermethode wird die Position gehalten
➔ Zielmuskulatur: M. quadriceps femoris
➔ Dehnmethode: passiv-statisch

2.10 Dehnübung 10

- In Sitzposition mit gestreckten Beinen stützen beide Arme den Oberkörper nach hinten ab
- Zunächst wird die zu dehnende Muskulatur ca. 6-10 Sekunden isometrisch kontrahiert, unmittelbar danach 2-3 Sekunden entspannt, danach wird gleich die Dehnposition eingenommen

- Die Beine werden so weit wie möglich nach außen abgespreizt, der Oberkörper mit gerader Wirbelsäule nach vorne gebeugt und ca. 10-20 Sekunden statisch gehalten
→ Zielmuskulatur: M. adduktor brevis

                      M. adduktor longus

                      M. adduktor magnus

                      M. gracilis

                      M. pectineus

→ Dehnmethode: postisometrisch

2.11 Dehnübung 11

- Aus dem Stand wird ein Bein gestreckt nach hinten gestellt, sodass es auf der kompletten Fußsohle aufkommt
- Das andere Bein geht mit gebeugtem Kniegelenk nach vorne
- Der Oberkörper wird leicht nach vorne geneigt
- Es ist darauf zu achten, dass Oberkörper und der hintere Oberschenkel eine Linie bilden, während beide Zehen nach vorne zeigen.
- Durch eine Erweiterung der Beugung im vorderen Kniegelenk wird der Körperschwerpunkt nach vorne unten verlagert
- Die Dorsalextension im hinteren Bein wird vergrößert
- Für eine dynamische Dehnmethode wird das vordere Bein im Wechsel durch antagonistische Anspannung gebeugt und gestreckt
→ Zielmuskulatur: M. gastrocnemius

                      M. soleus

→ Dehnmethode: passiv-dynamisch

2.12 Belastungsgefüge und Begründung

Tab. 7: Belastungsgefüge des Dehntrainings (eigene Darstellung)

Belastungsparameter	nach dem Training	Dehnen als eigene Trainingseinheit
Trainingshäufigkeit pro Woche	2-3x a 15-20min	1x a 45min
Sätze pro Übung	2-3	4
Dehndauer	ca. 30 Sekunden	Ca. 45 Sekunden
Dehnintensität	Borg Skala 6	Borg Skala 8

Da der Proband noch Einsteiger im Beweglichkeitstraining ist, wurde jede Dehnmethode in den Trainingsplan eingebracht. Nach Oliver et al. (2008, S. 247) sind keine konkreten Empfehlungen für Dehntraining möglich. So kann die Person gleich alle Dehnmethoden ausprobieren und sich je nach Fortschritt auf gewissen Methoden spezialisieren. Statische, dynamische wie auch postisometrische Dehnmethoden haben ihre eigenen Vor- und Nachteile. Im Trainingsplan basieren die Übungen zur Hälfte so gut wie auf dynamischen Übungen. Dies hat den Grund, dass dynamische Dehnübungen sich positiv auf die inter- und intramuskuläre Koordination auswirkt, was gut für den Einsteiger ist und zusätzlich die lokale Muskeldurchblutung vermehrt (Gimbel, 2008). Morton et al. (2011) konnte zeige, dass sich Dehnen positiv auf die Beweglichkeit auswirken kann. Dieses ist eines der Ziele des Probanden. Da sich im Beweglichkeitstest nur Bewegungsdefizite im Bereich der Beine gezeigt haben, wurde hier auch ein Schwerpunkt im Dehnprogramm gelegt. Trotz dem nicht eingeschränktem Oberkörper ist es für den Probanden für die ausübende Sportart Schwimmen wichtig dort auch weiterhin flexibel zu bleiben. Viele Studien zeigen das eine Schulterverletzung bzw. Einschränkungen in der Bewegung im Schwimmen sehr weit oben stehen (Richardson et al., 1980). Damit hier vorgesorgt wird, spielt auch der Oberkörper eine wichtige Rolle im Training. Für eine Verbesserung der Körperhaltung wird auch neben dem Oberkörper auf eine Flexibilität im Rumpfbereich eingegangen. Laut Klee (1995) spielen viele verschieden Muskeln eine Rolle der aufrechten Körperhaltung. Werden die bestehenden Bewegungsdefizite beseitigt, könnte eine Verbesserung der Körperhaltung eintreten.

3   Trainingsplanung Koordinationstraining

3.1   Gleichgewichtsübung 1

Im stabilen Stand mit zusammengestellten Beinen bildet der Körper eine Linie. Nun wird der Körper langsam so weit wie möglich aus den Fußgelenken zu verschiedenen Seiten geneigt (nach vorne, nach hinten, rechts, links). Der Körper sollte während der Neigung immer eine Linie bilden und nicht abknicken.

3.2   Gleichgewichtsübung 2

Auf einem Bein stehend werden gleichzeitig der rechte Arm nach vorne und der linke Arm nach hinten gekreist. Gerne können hier je nach Gleichgewichtsstand auch die Augen geschlossen werden.

3.3   Gleichgewichtsübung 3

Auf einem Bein stehend wird das andere Bein auf den Oberschenkel abgelegt. Die Arme sind vor dem Körper gestreckt. Langsam wird das Gesäß gesenkt und bei Erreichen des 90°- Winkels wieder gehoben.

3.4   Gleichgewichtsübung 4

Diese Übung wird mit Hilfe eines TRX-Schlingentrainers absolviert. Dazu sind die Schlingen auf Brusthöhe befestigt. Mit festem Griff nimmt der Körper eine schräge Haltung ein, indem man den angespanntem Körper nach hinten lehnt. Durch das Wechselnde strecken und beugen der Arme, zieht man den Körper nach oben und unten.

3.5   Gleichgewichtsübung 5

Aus dem Vierfüßler Stand wird ein Arm nach vorne und parallel dazu das gegenüberliegende Bein nach hinten gezogen. Das Gewicht sollte dabei gut verteilt und somit die Position gehalten werden.

3.6 Gleichgewichtsübung 6

In Krabbelposition mit gestreckten Armen und Beinen liegen vor dem Körper drei Hütchen in unterschiedlichen Farben. Nach Anleitung eines Trainers muss nach dem „Twister"-Prinzip gehandelt werden. Der Trainer gibt vor mit welcher Hand oder welchem Fuß die trainierende Person eines der Hütchen berühren muss. Nach antippen der richtigen Hütchen geht man wieder in die Ausgangsposition und wartet auf die nächste Anleitung.

3.7 Gleichgewichtsübung 7

In der Plank Position wird unterhalb der Füße ein Ball platziert, auf diesem man während eines Planks das Körpergewicht ausbalanciert.

3.8 Gleichgewichtsübung 8

Während je ein Tennisball unter beiden Füßen liegt, wird abwechselnd mit der rechten und linken Hand ein Ball freier Wahl geprellt.

3.9 Gleichgewichtsübung 9

Auf einem länglichen Balancierbrett, welches auf einer Rolle liegt, wird probiert das Gleichgewicht zu halten. Diese Übung kann erschwert werden durch paralleles Hochwerfen und Fangen eines Balls.

3.10 Gleichgewichtsübung 10

Auf vier unterschiedlich großen Bällen werden Liegestütze durchgeführt. Unter jeder Hand und jedem Fuß liegt ein Ball. Mit dem Körper werden der Größenunterschied und die Ausweichbewegung der Bälle ausbalanciert.

3.11 Belastungsgefüge und Begründung

Tab. 8: Belastungsgefüge des Koordinationstrainings (eigene Darstellung)

Belastungsparameter	
Trainingshäufigkeit pro Woche	2-3x a 20min
Sätze pro Übung	1-2x
Satzpausen	30 Sekunden
Belastungsdauer	60 Sekunden

Da der Proband auch im Koordinationstraining ein Einsteiger ist wurden für den Anfang nicht allzu komplexe Übungen gewählt. Alle Prinzipien wie Neuheit/Ungewohntheit, Kniffligkeit, Vielfältigkeit und Freudbetontheit wurden eingehalten (Hirtz, 20_5). Angefangen mit bekannten und leichten, bis hin zu komplexen mit Hilfsmittel begleitenden Übungen. Nach den Grundregeln von Hirtz (1985) wurden wenige Wiederholungen, dafür aber mehr Übungen eingeplant. Aufgrund der Unerfahrenheit wurde auch auf gesteigerten Belastungsdruck vorerst verzichtet. Das Koordinationstraining basiert primär auf Gleichgewichtsübungen, welche im Zusammenhang mit einer Sturzprophylaxe stehen (Gimbel, 2014).

4   Literaturrecherche

Tab. 9: Vergleich zweier Studien zum Thema „Effekte des Dehnens im Hinblick auf eine Verletzungsprophylaxe" (eigene Darstellung)

	Masatoshi A., Takaaki O., Kazunori M., Hiromichi Y., Paolo C. (2003)	Rodney P. P., Herbert R. D., Kirwan J. D., Graham B. J. (2002)
Wer hat die Studien durchgeführt?	Die Studie wurde durchgeführt von Masatoshi A. et al.	Die Studie wurde durchgeführt von Rodney P. et al.
In welchem Jahr wurden die Studien publiziert?	Die Studie wurde im Jahr 2003 publiziert.	Die Studie wurde im Jahr 2002 publiziert.
Mit welchen Versuchspersonen wurden die Studien durchgeführt?	Die Studie wurde mit 901 Soldaten durchgeführt.	Die Studie wurde mit 1538 männlichen Soldaten durchgeführt.
Wie sah der Versuchsaufbau der Studien aus?	Die 901 Soldaten wurden in zwei Gruppen geteilt. Eine Dehngruppe mit 518 Soldaten, die vor und nach jeder Trainingseinheit statisches Dehntraining aus 18 Übungen durchführten und eine Kontrollgruppe mit 383 Soldaten, die sich nicht gedehnt haben.	Die 1538 Soldaten wurden in zwei Gruppen unterteilt. Eine Dehngruppe welche 12 Wochen vor dem Training aktive Aufwärmübungen und statische Dehnung von 20 Sekunden durchführten. Die Kontrollgruppe dehnte sich nicht.
Welche relevanten Ergebnisse und Schlussfolgerungen lieferten die Studien?	Ergebnisse: Die Verletzungsrate beider Gruppen war nahezu identisch. Die Muskel-/Sehnenverletzungen und Rückenschmerzen waren jedoch in der Dehngruppe signifikant geringer. Schlussfolgernd kann man sagen, dass Dehnen die Häufigkeit von Muskelverletzungen verringert, jedoch keine Rolle für Knochen- oder Gelenkverletzungen spielt.	Ergebnisse: Während des Untersuchungszeitraumes gab es insgesamt 333 Verletzungen, 158 Verletzungen in der Dehngruppe und 175 in der Kontrollgruppe. Kein signifikanter Effekt der Dehnung vor dem Training auf das Verletzungsrisiko. Schlussfolgernd kann man sagen, dass ein Dehntraining in der Aufwärmphase durchgeführt wird, die Verletzungsrate nicht verringert.

5   Literaturverzeichnis

Amako, M., Oda, T., Masuoka, K., Yokoi, H., & Campisi, P. (2003). Effect of static
stretching on prevention of injuries for military recruits. *Military medicine, 168*(6),
442-446.

Gimbel, B. (2014). Training des Bewegungsapparats. In *Körpermanagement* (pp. 115-
135). Springer, Berlin, Heidelberg. (Begründung Dehnen und Koordinationstraining)

Hirtz, P. (1985). Koordinative Fähigkeiten im Schulsport: vielseitig, variationsreich,
ungewohnt. Berlin: Volk und. Wissen.

Hirtz, P. (2015). Koordinative Fähigkeiten und Beweglich- keit. In K. Meinel & G.
Schnabel (Hrsg.), Bewegungs- lehre – Sportmotorik (12., überarb. Aufl., S. 212–
242). Aachen: Meyer & Meyer.

Janda, V. (2009). *Manuelle Muskelfunktionsdiagnostik.* Elsevier, Urban&Fischer Verlag.

Klee, A. (1995). Haltung, muskuläre Balance und Training. *Die metrische Erfassung
der Haltung und des Funktionsstandes der posturalen Muskulatur-Möglichkeiten der
Haltungsbeeinflussung durch funktionelle Dehn-und Kräftigungsübungen, 19941*(2).

Morton, S. K., Whitehead, J. R., Brinkert, R. H., & Caine, D. J. (2011). Resistance
training vs. static stretching: effects on flexibility and strength. *The Journal of
Strength & Conditioning Research, 25*(12), 3391-3398.

Olivier, N., Marschall, F., & Büsch, D. (2008). *Grundlagen der Trainingswissenschaft
und-lehre.* Schorndorf: Hofmann.

Pope, R. P., Herbert, R. D., Kirwan, J. D., & Graham, B. J. (2000). A randomized trial
of preexercise stretching for prevention of lower-limb injury. *Medicine and science
in sports and exercise, 32*(2), 271-277.

Richardson, A. B., Jobe, F. W., & Collins, H. R. (1980). The shoulder in competitive
swimming. *The American Journal of Sports Medicine, 8*(3), 159-163.

6   Tabellenverzeichnis